Cours de Base Alfred pour le

Piano

Livre de Théorie
Niveau 1A

Traduction par Claire Beaudry Bériault

MODE D'EMPLOI

1. Ce LIVRE DE THÉORIE peut être assigné à la 2è leçon, ou lorsque l'élève atteint la page 11 du LIVRE DE LEÇON 1A.

2. Si, à la 1ère leçon l'élève atteint la page 11, il est préférable alors que le professeur attende jusqu'a la 2ème leçon pour commencer le LIVRE DE THÉORIE. Cependant, si l'élève exprime le désir de travailler à la maison, il est bon, devant cette attitude louable d'assigner des pages appropriées à la fin de la 1ère leçon.

3. Ce livre a été conçu en coordination précise, page par page, avec le LIVRE DE LEÇONS 1A. Tout devoir devrait être donné selon les indications placées en haut, a droit de chaque page du LIVRE DE THÉORIE.

4. Les devoirs de théorie devraient être faits à la maison et le professeur les vérifie à la leçon suivante.

Willard A. Palmer   •   Morton Manus   •   Amanda Vick Lethco

Assignez avant la page 12
du *LIVRE DE LEÇONS 1A.*

Le Clavier

Le clavier est composé de touches blanches et de touches noires.
Les touches noires sont divisées en groupes de 2 et de 3.

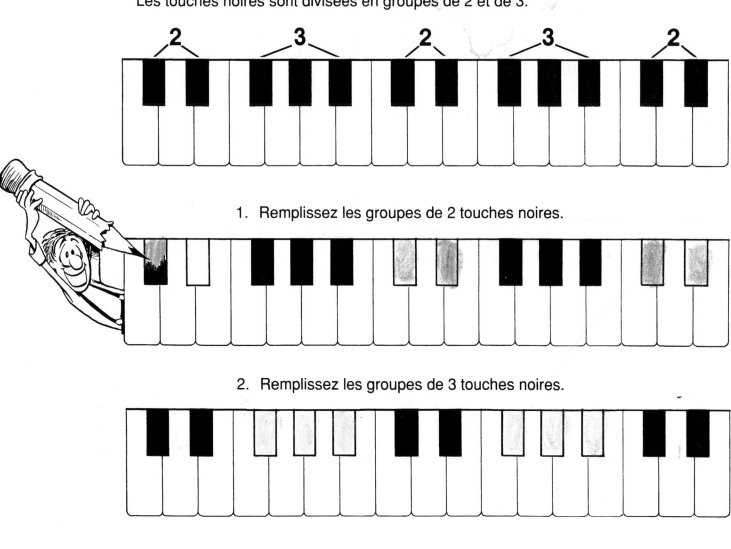

1. Remplissez les groupes de 2 touches noires.

2. Remplissez les groupes de 3 touches noires.

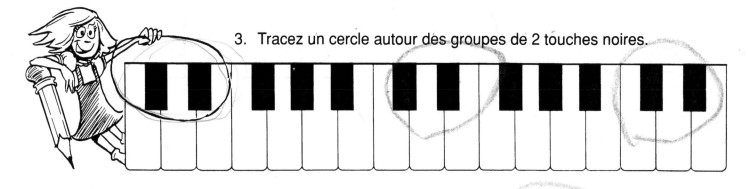

3. Tracez un cercle autour des groupes de 2 touches noires.

4. Tracez un cercle autour des groupes de 3 touches noires.

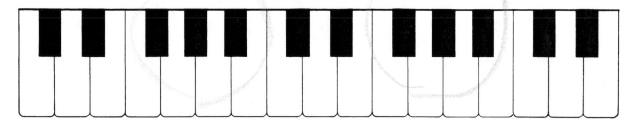

Il Est le Temps de Compter!

Tracez un oval.
CECI EST UNE RONDE!

Tracez une queue.
C'EST UNE BLANCHE!

Noircissez l'oval.
C'EST UNE NOIRE

1. Tracez 7 **RONDES** sur les tirets ci-dessous.

2. Ajoutez des **QUEUES** sur chacune des notes ci-dessus. Quelles notes sont elles? _____

3. Noircissez chaque note. Quelles notes deviennent-elles? _____

4. Tracez une **NOIRE** au-dessus de chaque "un".

Un,   un,   un,   un,   Un,   un,   un,   un.

5. Comptez "un" ou "noire" pour chaque noire et frappez **UNE** fois à chaque note.

6. Tracez une **BLANCHE** au-dessus de chaque "un".

Un — deux,   un — deux,   Un — deux,   un — deux.

7. Comptez "un-deux" ou "blan-che" pour chaque blanche et frappez **UNE** fois à chaque note.

8. Tracez une **RONDE** au-dessus de chaque "un".

Un — deux — trois — quatre,   Un — deux — trois — quatre.

9. Comptez "un-deux-trois-quatre" ou "ron-de-te-nez" pour chaque ronde,
et frappez **UNE** fois à chaque note.

NOTE AU PROFESSEUR: Tous les exercises rythmiques sont basés sur les chiffres indicateurs ayant la noire comme dénominateur.

Queues des Notes et Barres de Mesures

Les queues qui pointent **en haut** sont à **DROITES** de la tête!

Les queues qui pointent **en bas** sont à **GAUCHE** de la tête!

1. Ajoutez des queues EN HAUT.

2. Ajoutez des queues EN BAS.

     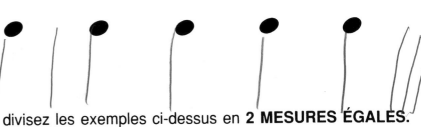

3. Tracez une **BARRE** de Mesure ❘ divisez les exemples ci-dessus en **2 MESURES ÉGALES**.
   (4 notes dans chaque mesure).

4. Tracez une **DOUBLE BARRE** ‖ après la dernière note de chaque exemple.
   Remarquez, la double barre est composée d'une ligne MINCE et d'une ligne plus EPAISSE.
   Elle se place a la FIN.

5. Jouez l'EXEMPLE 1. Avec le 3 de la M.D. jouez sur la touche que vous voulez
   en comptant à haute voix.

6. Jouez l'EXEMPLE 2. Avec le 3 de la M.G. jouez sur la touche que vous voulez
   en comptant à haute voix.

Combien de Temps?

7. Dans les carrés sous chaque note, écrivez le nombre de temps de chacune de ces notes.

| 2 | 1 | 4 | 1 | 2 | 1 | 4 | 2 | 4 | 1 |

S.V.P. Jouez Deux Fois!!

DEUX POINTS devant une
DOUBLE BARRE

signifient que la musique
écrite avant la double barre
doît être jouée DEUX FOIS!!

Alors … retournez au commencement et **RÉPÉTEZ!**

1. Dans la musique ci-dessous, ajoutez une queue EN BAS
   excepté sur la dernière note.
2. Frappez (ou tapez) et comptez.
3. Jouez avec la M.G.

le 16 mars

Pierrot
UN MORCEAU POUR LA MAIN GAUCHE

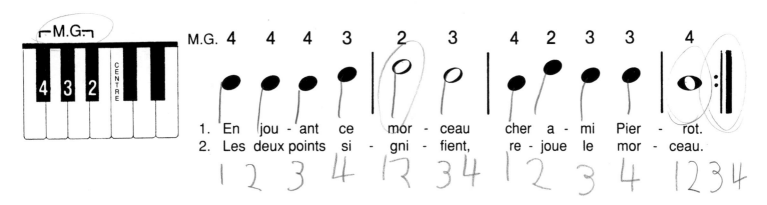

4. Dans le morceau ci-dessous, ajoutez des queues EN HAUT excepté sur la dernière note.
5. Ajoutez après la dernière note le signe qui signifie de RÉPÉTER le morceau.
6. Frappez (ou tapez) et comptez.
7. Jouez avec la M.D.

Une Devinette
UN MORCEAU POUR LA MAIN DROITE

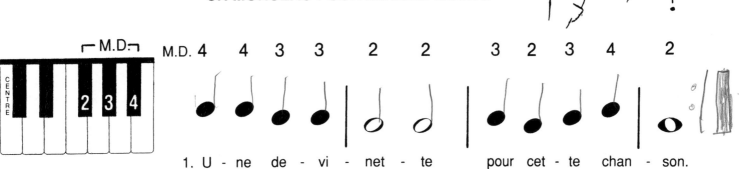

Réponse à la devinette:

Cette chanson, 4 mesures répétées = 8 mesures.

le 16 mars

Assignez avec les pages 12-13.

Nuances . . . sont des signes qui indiquent de jouer **FORT** ou **DOUX**.

$\boldsymbol{f}$ (FORTE) = *FORT* $\boldsymbol{p}$ (PIANO) = *DOUX*

1. Certaines choses sont $\boldsymbol{f}$, d'autres $\boldsymbol{p}$. Quel signe croyez-vous convient le mieux à ces images? Sur le tiret dans chaque image, écrivez le signe qui lui convient.

Le Clairon et l'Echo

Assignez avec les pages 14-15.

2. Lisez les mots sous la première ligne de musique. Dans la boîte, écrivez le signe de nuance qui correspond aux paroles.

3. Lisez les mots sous la 2è ligne de musique. Dans la boîte, écrivez le signe de nuance qui correspond aux paroles.

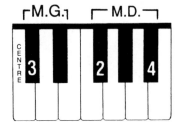

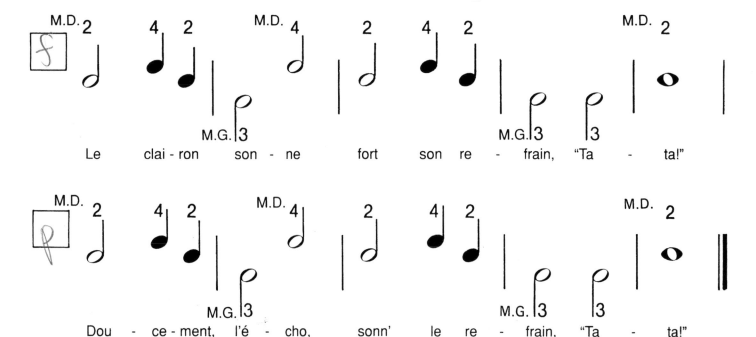

4. Jouez LE CLAIRON ET L'ECHO. Faites attention aux nuances.

Assignez avec la page 19.

Le Nom Des Notes!

Dans LA MUSIQUE, il y a 7 notes: **DO RÉ MI FA SOL LA SI**

1. Ecrivez le NOM DES NOTES dans les carrés de ce clavier. Commencez sur **DO**!

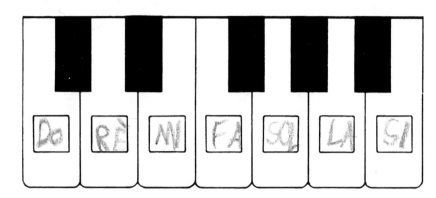

**DO est placé
à GAUCHE des
2 touches noires!**

2. Trouvez tous les **DO**s sur ce clavier et écrivez-les.

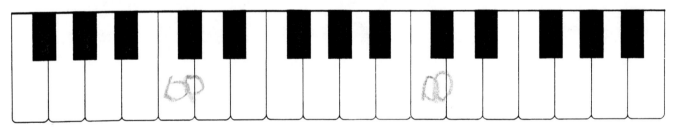

**RÉ est placé
ENTRE les
2 touches noires!**

3. Trouvez tous les **RÉ**s sur ce clavier et écrivez-les.

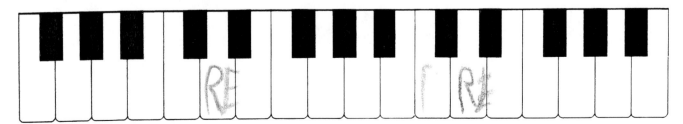

Assignez avec les pages 18-19.

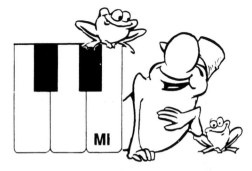

MI est placé
à la **DROITE**
des **2 touches noires!**

4. Trouvez tous les **MI**s sur ce clavier et écrivez-les.

FA est placé
à la **GAUCHE**
des **3 touches noires!**

5. Trouvez tous les **FA**s sur ce clavier et écrivez-les.

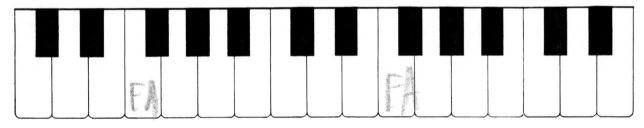

SOL est placé
à **GAUCHE** des 2 touches noires
du groupe de 3 touches noires!

6. Trouvez tous les **SOL**s sur ce clavier et écrivez-les.

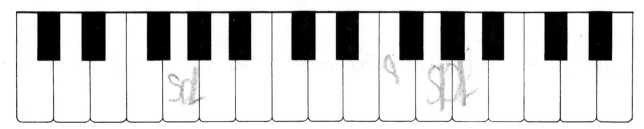

LA est à la DROITE des deux touches noires des groupes de 3 touches noires!

7. Trouvez tous les **LA**s sur ce clavier et écrivez-les.

SI est à la DROITE des 3 touches noires!

8. Trouvez tous les **SI**s sur ce clavier et écrivez-les.

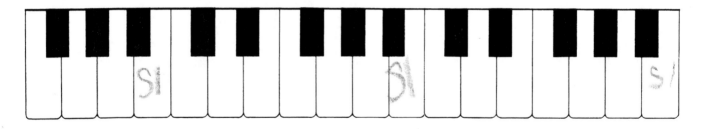

9. Sur le clavier ci-dessous, écrivez le nom des touches dans l'ordre indiqué.

1. Tous les **DO**s   4. Tous les **FA**s   6. Tous les **LA**s
2. Tous les **MI**s   5. Tous les **SI**s   7. Tous les **SOL**s
3. Tous les **RÉ**s

Assignez avec les pages 18-19.

Amusez-vous avec les Notes

Ecrivez le nom des touches indiquées par un **X.**

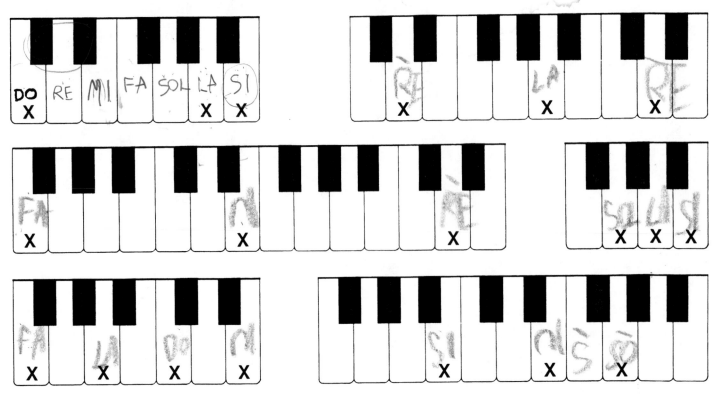

Ecrivez les **SI**s, **MI**s, **LA**s et **RÉ**s sur ce clavier en commençant par le plus haut.

Ecrivez tous les **LA**s et **RÉ**s sur ce clavier en commençant par le haut.

Ecrivez tous les **DO**s, **LA**s, **SOL**s et **MI**s sur ce clavier en commençant par le bas.

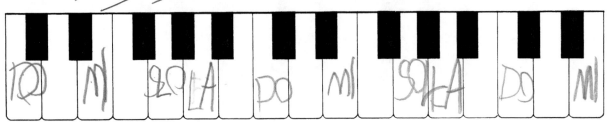

1 + 1 + 1 + 1 = 4

Les Chiffres Indicateurs

Assignez avec la page 21.

Dans la musique, il y a, au commencement des **CHIFFRES INDICATEURS.**
Le **CHIFFRE DU HAUT** indique le nombre de temps dans chaques mesure.
Le **CHIFFRE DU BAS** indique quelle valeur de note vaut UN temps.

$\frac{4}{4}$ signifie **4** temps dans chaque mesure.

une **NOIRE** ♩ vaut UN temps.

♩ = 1   o = 4

♩ = 2

BARRE de MESURE   **BARRE de MESURE**

← —— **MESURE** —— → ← —————— **MESURE** —————— →

| $\frac{4}{4}$ | ♩ Un, | ♩ un, | ♩ un, | deux | o Un, | deux, | trois, | quatre . |

Les notes dans chaque mesure doivent compter 4 TEMPS.

1. Combien de **NOIRES** pouvez-vous avoir dans une mesure à $\frac{4}{4}$? _____ 4 _____
   Ecrivez des **NOIRES** dans ces mesures.

1 + 1 + 1 + 1 = 4

2 + 2 = 4

♩ = 2

2. Combien de **BLANCHES** pouvez-vous avoir dans une mesure à $\frac{4}{4}$? _____ 2 _____ *♩ = 2*
   Ecrivez des **BLANCHES** dans ces mesures.

♩ = 2

2 + 2 = 4

3. Combien de **RONDES** pouvez-vous avoir dans une mesure à $\frac{4}{4}$? _____ 1 _____
   Ecrivez des **RONDES** dans ces mesures.

4. Ajoutez **UNE SEULE NOTE** pour compléter chaque mesure suivante.

12

Assignez avec la page 22.

La Position du DO CENTRAL

Le DO le plus près du milieu du clavier (sous la marque du piano) se nomme le "DO Central".
DANS LA POSITION DU DO CENTRAL, LES DEUX POUCES SONT SUR LE DO CENTRAL.

POSITION DU DO CENTRAL

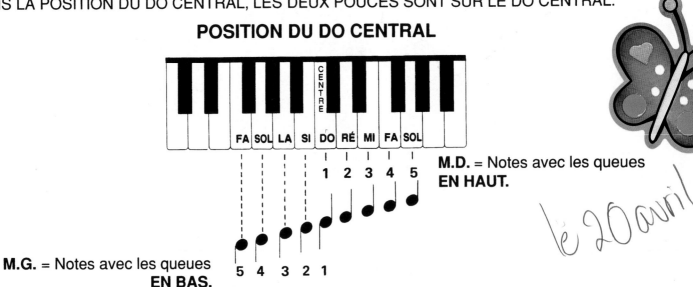

M.D. = Notes avec les queues **EN HAUT.**

M.G. = Notes avec les queues **EN BAS.**

Les Montagnes Russes

Position du DO CENTRAL

1. Ajoutez les chiffres des doigts de la M.D. **AU-DESSUS** des notes avec les **QUEUES EN HAUT.**

2. Ajoutez les chiffres des doigts de la M.G. **AU-DESSOUS** des notes avec les **QUEUES EN BAS.**

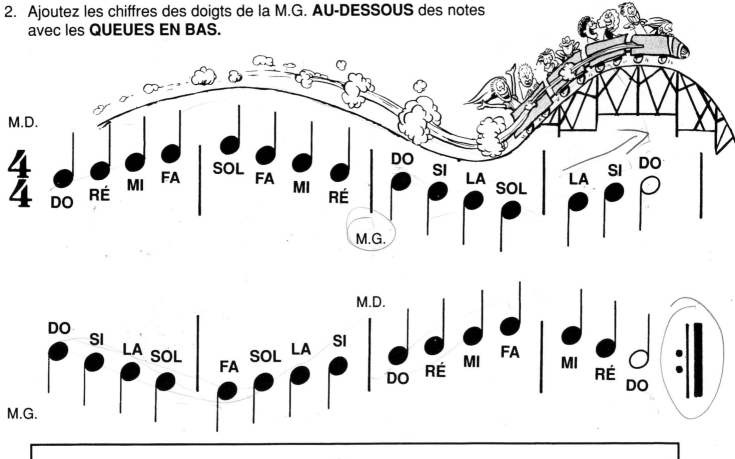

NOUVEAU SIGNE DE NUANCE *mf* (MEZZO FORTE) = MODÉRÉMENT FORT

3. Ajoutez un signe sous la 1ère note des MONTAGNES RUSSES qui signifie de jouer MODÉRÉMENT FORT.

4. Jouez LES MONTAGNES RUSSES.

Assignez avec la page 23.

Jouons dans une Nouvelle Position

La position ci-dessous dans laquelle les deux mains jouent **DO, RÉ, MI, FA, SOL** s'appelle **LA POSITION DE DO.**

La M.G. joue DO RÉ MI FA SOL avec 5 4 3 2 1, la M.D. joue DO RÉ MI FA SOL avec 1 2 3 4 5.

1. A chaque note, tracez une ligne jusqu'à la touche à laquelle elle correspond.

2. Ajoutez les chiffres des doigts de la M.G. qui correspondent aux notes dont les QUEUES sont EN BAS.

3. Ajoutez les chiffres des doigts de la M.D. qui correspondent aux notes dont les QUEUES sont EN HAUT.

Notre Équipe

1. Notr' é - quip' est la meil - leur',
2. Quand notr' é - quip' s'est mon - tré,

Des grands me - su - rant 8 pieds!
Les ad - ver - sair' sont par - tis!

Ils n'ont qu'a frap - per la bal'(le),
Tout le mond' s'est é - cri - é,

Dans l'pan - ier elle va tom - ber!
Notr' é - quip! gagn' au - jour - d'hui!

4. Ajoutez des barres de mesure au titre "NOTRE ÉQUIPE". Mettez une double barre et un SIGNE DE RÉPÉTITION à la fin.

5. Ajoutez un signe de nuance au commencement qui signifie MODÉRÉMENT FORT.

6. Jouez la chanson au complet.

Assignez avec la page 24.

Des Nouveaux Chiffres Indicateurs

3 signifie **3** temps dans chaque mesure.
4 la **NOIRE** vaut UN temps.

La Blanche Pointée

COMPTEZ 2 pour la BLANCHE + 1 pour le POINT! COMPTEZ: "1 - 2 - 3".

Les notes dans chaque mesure doivent faire un total de **3 TEMPS!!!**

1. Aprèz le **3/4** ci-dessous, tracez une BLANCHE POINTÉE au-dessus de chaque "un".

2. Ajoutez les BARRES de MESURE. Mettez une DOUBLE BARRE à la fin.

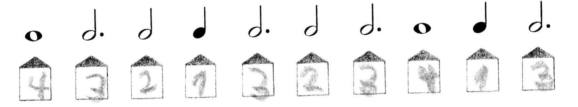

Un – deux – trois,   Un – deux – trois,   Un – deux – trois,   Un – deux – trois.

3. Dans les carrés ci-dessous, écrivez le nombre de temps de chaque note.

4. Sous chaque tiret, écrivez UNE NOTE qui a la même valeur que les DEUX au-dessus, tel que l'exemple le démontre.

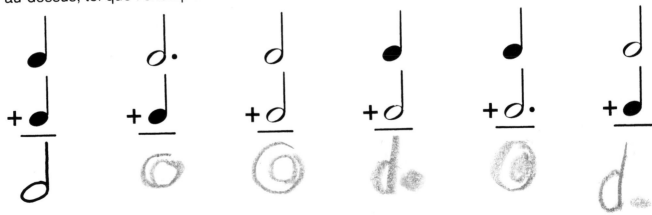

Révision
des Signes Musicaux

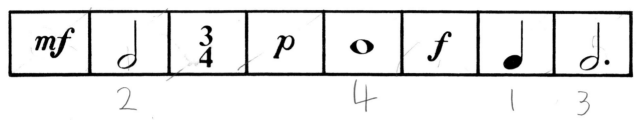

5. Dessinez chacun des signes ci-dessus dans le carré ci-dessous qui correspond.
   Dessinez chaque signe DEUX FOIS, une fois à GAUCHE et une fois à DROITE.

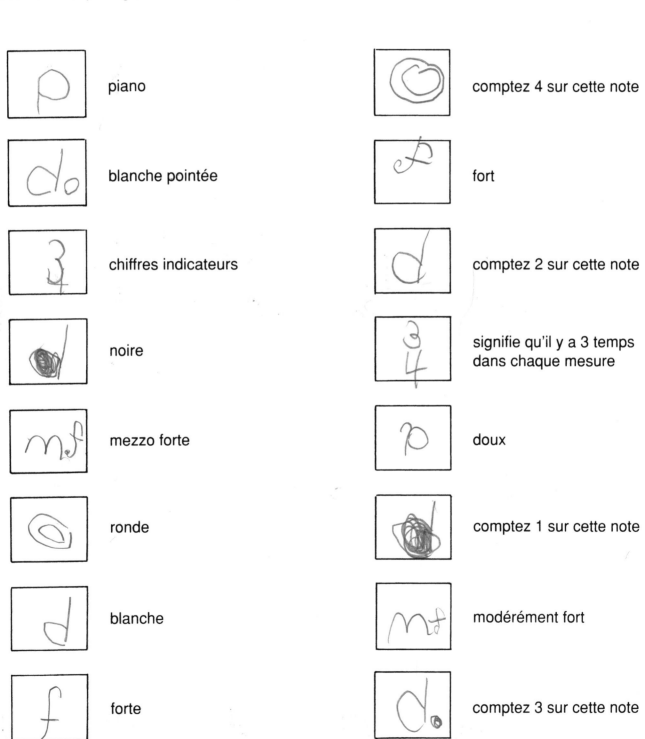

piano

blanche pointée

chiffres indicateurs

noire

mezzo forte

ronde

blanche

forte

comptez 4 sur cette note

fort

comptez 2 sur cette note

signifie qu'il y a 3 temps
dans chaque mesure

doux

comptez 1 sur cette note

modérément fort

comptez 3 sur cette note

La Portée

La musique s'ecrit sur la **PORTÉE** composée de 5 lignes et 4 interlignes.

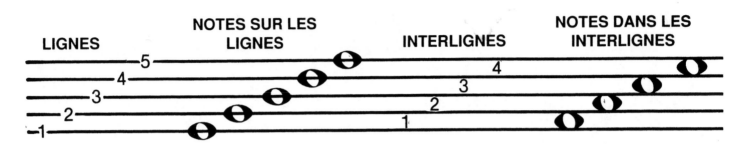

1. Ecrivez les chiffres 1 à 5 sur les 5 lignes de la portée suivante. Commencez sur la ligne du bas.

2. Tracez une RONDE sur chaque ligne.

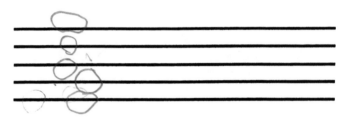

3. Ecrivez les chiffres 1 à 4 dans les interlignes de la portées suivante. Commencez dans l'interligne du bas.

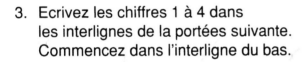

4. Tracez une RONDE dans chaque interligne.

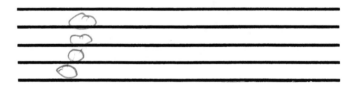

5. Tracez une ronde sur la LIGNE au-dessus de chaque L et dans L'INTERLIGNE au dessus de chaque I. Servez-vous de toutes les lignes et de toutes les interlignes.

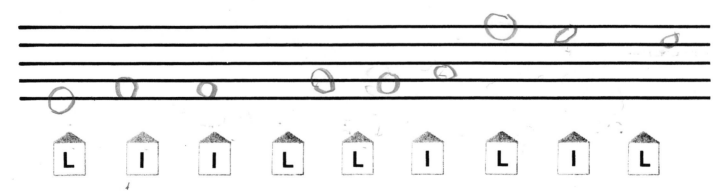

La Clé de FA

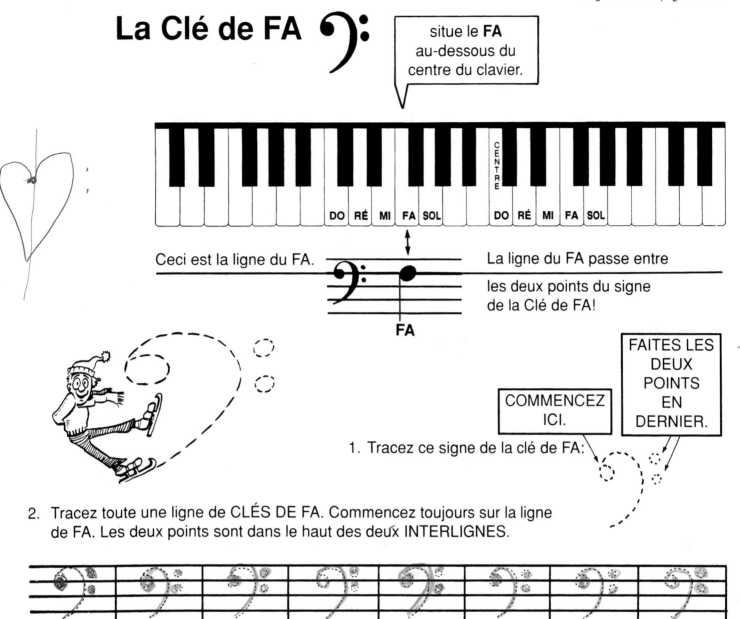

situe le **FA** au-dessous du centre du clavier.

Ceci est la ligne du FA.

FA

La ligne du FA passe entre les deux points du signe de la Clé de FA!

COMMENCEZ ICI.

FAITES LES DEUX POINTS EN DERNIER.

1. Tracez ce signe de la clé de FA:

2. Tracez toute une ligne de CLÉS DE FA. Commencez toujours sur la ligne de FA. Les deux points sont dans le haut des deux INTERLIGNES.

3. Tracez une ligne de CLÉ DE FA par vous-même.

4. Ecrivez le nom de chaque note dans les carrés ci-dessous.

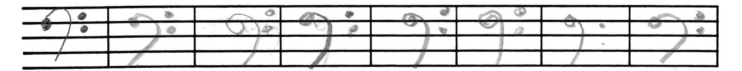

FA FA MI RE DO DO RE MI FA

5. Jouez ces notes en disant leur nom à haute voix.

18

La Clé de SOL

Assignez avec les pages 30-31.

situe le **SOL** au-dessus du centre du clavier.

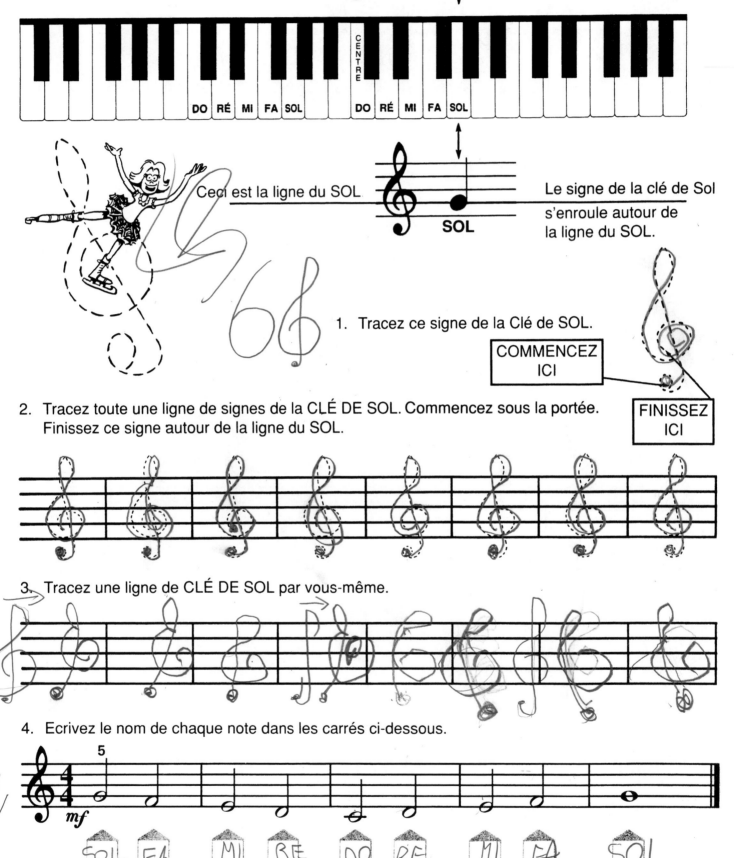

Ceci est la ligne du SOL

SOL

Le signe de la clé de Sol s'enroule autour de la ligne du SOL.

1. Tracez ce signe de la Clé de SOL.

COMMENCEZ ICI

FINISSEZ ICI

2. Tracez toute une ligne de signes de la CLÉ DE SOL. Commencez sous la portée. Finissez ce signe autour de la ligne du SOL.

3. Tracez une ligne de CLÉ DE SOL par vous-même.

4. Ecrivez le nom de chaque note dans les carrés ci-dessous.

mf

SOL FA MI RE DO RE MI FA SOL

5. Jouez ces notes en disant leur nom à haute voix.

Assignez avec la page 32.

La Grande Portée

La PORTÉE DE LA CLÉ DE SOL et la PORTÉE DE LA CLÉ DE FA réunies se nomment
LA GRANDE PORTÉE.

1. Ecrivez le nom des touches sur ce clavier, commençant avec le LA du bas et finissant
    sur le SOL le plus haut. Ainsi, vous devriez compléter le NOM DES NOTES 3 fois.

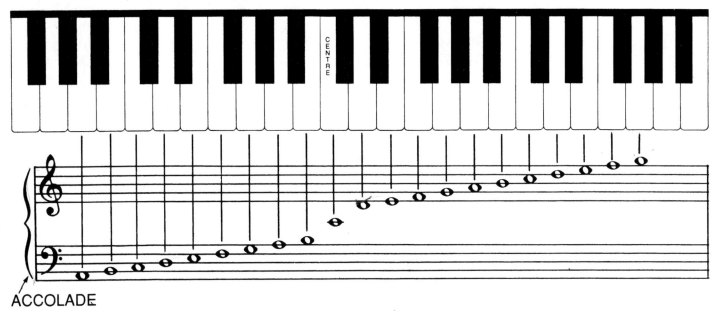

ACCOLADE

Les portées de la CLÉ DE SOL
et de la CLÉ DE FA sont réunies
par une ACCOLADE et une
BARRE DE MESURE pour
former la GRANDE PORTÉE.

ACCOLADE

2. Tracez 3 ACCOLADES.

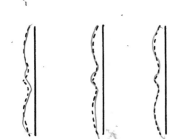

3. Tracez 3 ACCOLADES
    par vous-même.

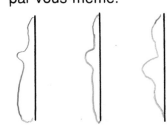

4. Réunissez le commencement et la fin des deux portées suivantes en traçant
    des barres de mesure, puis, tracez l'ACCOLADE au commencement, ce qui
    complètera la GRANDE PORTÉE.

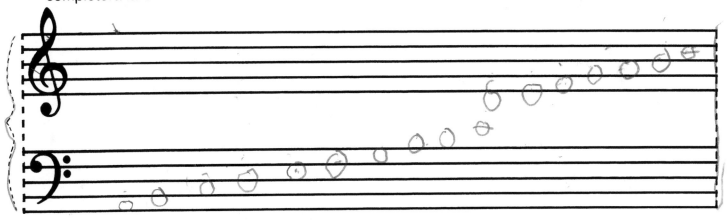

5. Ecrivez TOUTES les notes sur la GRANDE PORTÉE ci-dessus. Faites des RONDES.
    Commencez par l'interligne le plus bas. Dessinez les notes près les unes des autres
    afin qu'elles ressemblent à celles de la portée du haut de la page.

6. Au-dessus de chaque note, écrivez leur nom.

Assignez avec les pages 33-34.

La Position de DO sur la Grande Portée

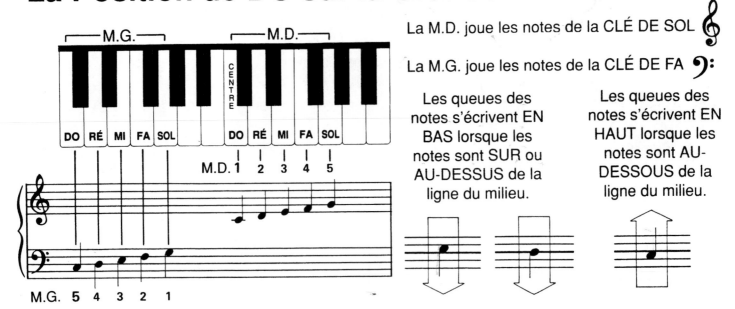

La M.D. joue les notes de la CLÉ DE SOL

La M.G. joue les notes de la CLÉ DE FA

Les queues des notes s'écrivent EN BAS lorsque les notes sont SUR ou AU-DESSUS de la ligne du milieu.

Les queues des notes s'écrivent EN HAUT lorsque les notes sont AU-DESSOUS de la ligne du milieu.

1. Sous les carrés, écrivez les notes de la M.G. sur la portée de la CLÉ DE FA. Faites des NOIRES. La queue de DO est en HAUT. Les queues de RÉ, MI, FA & SOL sont EN BAS.

2. Ecrivez les notes de la M.D. sur la portée de la CLÉ DE SOL. Faites des NOIRES mettez les queues EN HAUT.

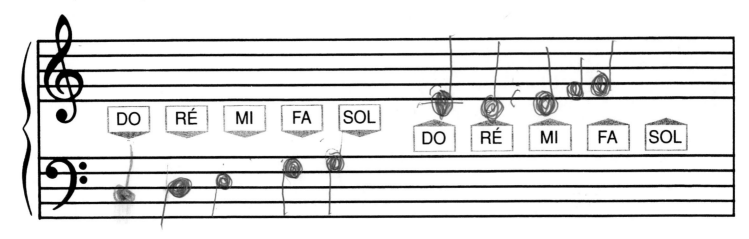

3. Ecrivez le nom des notes dans les boîtes ci-dessous.

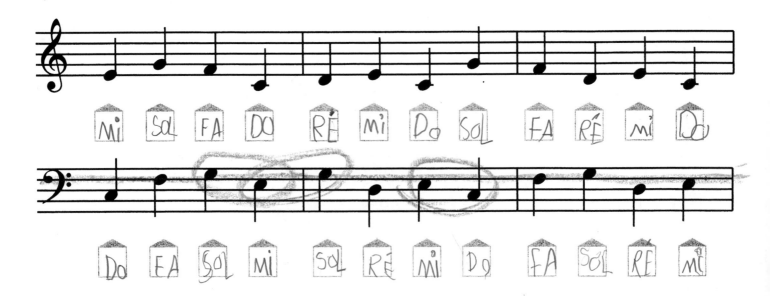

Jeu Legato

LEGATO signifie de bien LIER les notes entre elles.

Les **COULÉS** sont des lignes courbes placés au-dessus ou au-dessous des notes.
Elles nous disent de jouer LEGATO.

COULÉ

Parfois, les COULÉS divisent
la musique en **PHRASES.**

Une PHRASE est une série de sons. C'est le fragment
d'une melodie. Elle peut se comparer à une phrase
dans le langage ou à une ligne d'un poème.

Une Journée Ensoleillee!

1. Tracez un COULÉ entre la 1ère note de la 1ère mesure et la dernière note de la 2ème mesure.
2. Tracez un COULÉ entre la 1ère note de la 3ème mesure et la dernière note de la 4ème mesure.
3. Tracez un COULÉ entre la 1ère note de la 5ème mesure et la dernière note de la 6ème mesure.
4. Tracez un COULÉ entre la 1ère note de la 7ème mesure et la dernière note de la 8ème mesure.

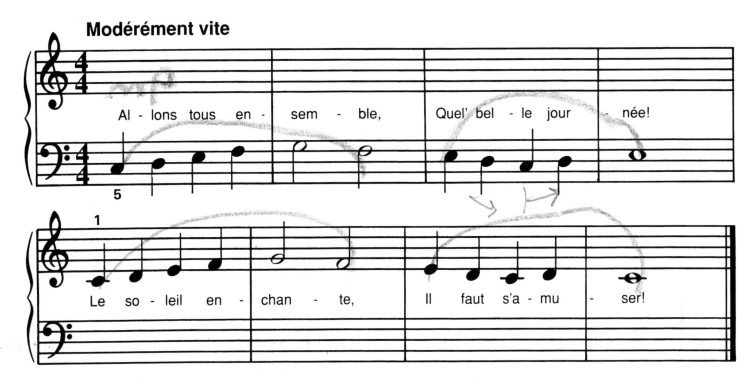

5. Au-dessus de la 1ère note, ajoutez un signe qui signifie MODÉRÉMENT FORT.
6. Jouez la chanson. Unissez les notes de chaque phrase. Levez la main à la fin de chaque phrase.

Comment Mesurer les 2des.

Assignez avec la page 36.

La distance entre une touche blanche et la touche blanche suivante se nomme une **2de**.

Les 2des s'écrivent LIGNE-INTERLIGNE ou INTERLIGNE-LIGNE.

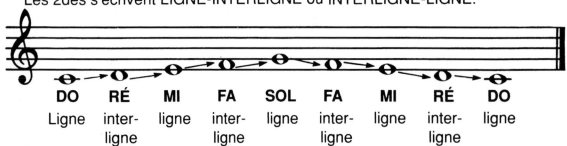

DO	**RÉ**	**MI**	**FA**	**SOL**	**FA**	**MI**	**RÉ**	**DO**
Ligne	inter- ligne	ligne	inter- ligne	ligne	inter- ligne	ligne	inter- ligne	ligne

1. Tracez des flèches entre les notes en disant les mots au-dessus des notes ("2de en haut," etc.).
2. Dans chaque carré, écrivez le nom de la note, puis, jouez en disant "2de en haut," etc.

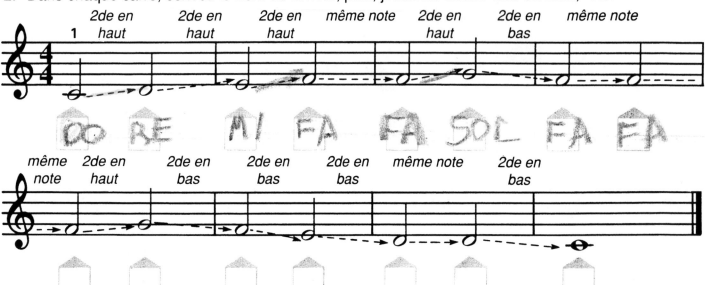

3. Au-dessous de chaque flèche, écrivez une note, tel qu'indiqué selon les indications au-dessus de la portée ("2de en haut," etc.). Ecrivez des BLANCHES, excepté dans la dernière mesure. Ecrivez une RONDE à la dernière note.

4. Ecrivez le nom des notes dans chaque carré, puis, jouez en disant "2de en haut," etc.

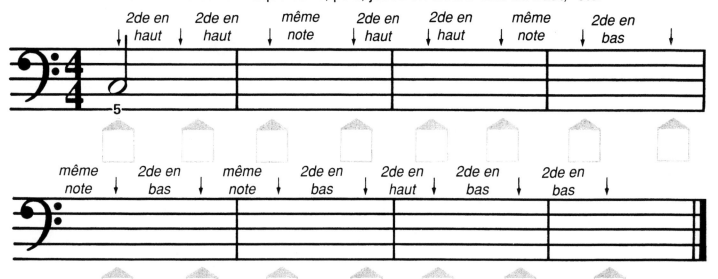

Notes Liées

Lorsqu'une ligne courbe relie entre elles deux notes sur une même ligne, ces deux notes deviennent des NOTES LIÉES.

La touche est retenue pour la VALEUR DES DEUX NOTES.

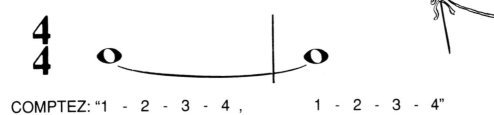

COMPTEZ: "1 - 2 - 3 - 4 ,   1 - 2 - 3 - 4"

1. Combien de temps retenez-vous ces deux notes?
    Sur les tirets suivants, écrivez le nombre TOTAL des temps de chaque paire de notes.

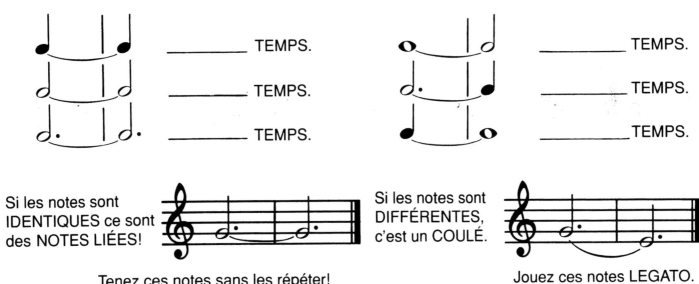

_____ TEMPS.

_____ TEMPS.

_____ TEMPS.

_____ TEMPS.

_____ TEMPS.

_____ TEMPS.

Si les notes sont IDENTIQUES ce sont des NOTES LIÉES!

Tenez ces notes sans les répéter!

Si les notes sont DIFFÉRENTES, c'est un COULÉ.

Jouez ces notes LEGATO.

Notes Liées et Coulés

2. Dans chaque boîte, écrivez **NOTES LIÉES** ou **COULÉ** selon le cas, tel qu'indiqué dans la première.

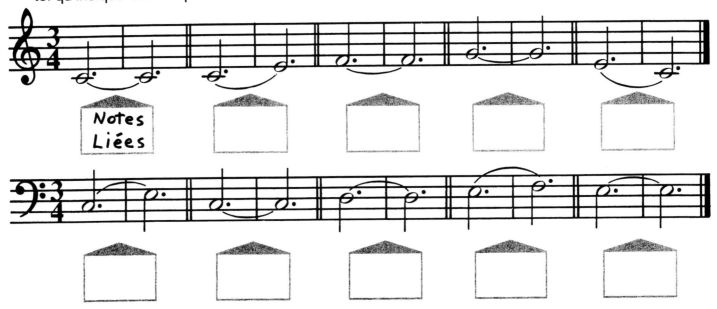

Notes Liées

Assignez avec les pages 38-39.

Comment Mesurons les 3ces.

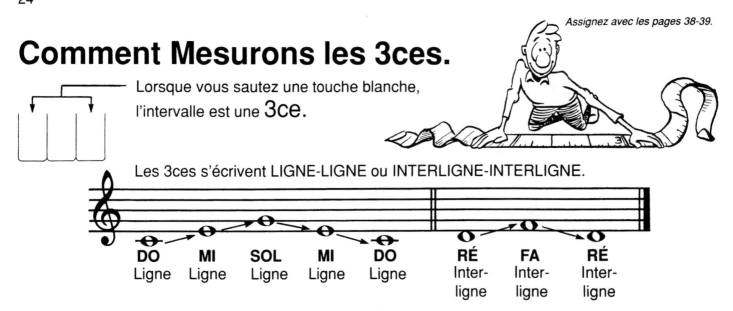

Lorsque vous sautez une touche blanche,
l'intervalle est une **3ce.**

Les 3ces s'écrivent LIGNE-LIGNE ou INTERLIGNE-INTERLIGNE.

DO	**MI**	**SOL**	**MI**	**DO**	**RÉ**	**FA**	**RÉ**
Ligne	Ligne	Ligne	Ligne	Ligne	Inter-ligne	Inter-ligne	Inter-ligne

1. Tracez des flèches entre les notes en disant les mots au-dessus des notes.

2. Écrivez le nom de chaques note tout en disant, "3ce en haut," etc.

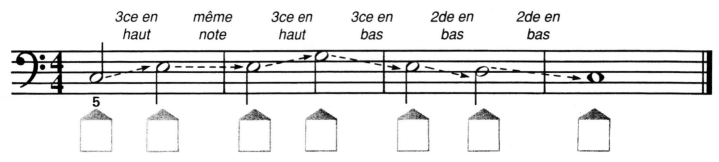

3. Écrivez le nom de l'intervalle (2de ou 3ce) dans la boîte sous chaque paire de notes.

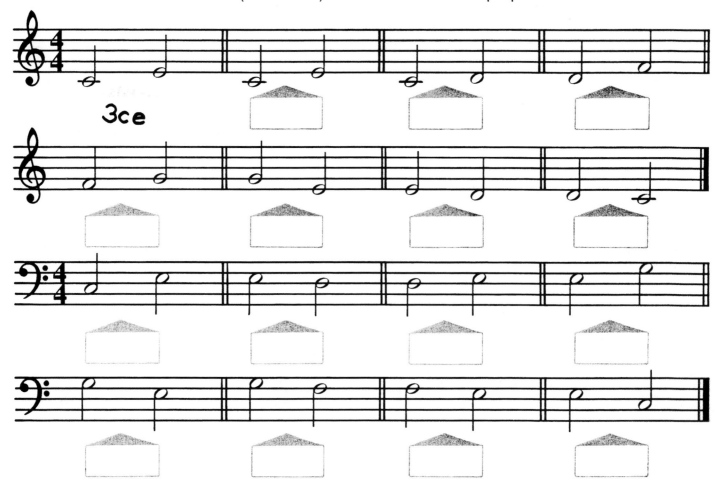

Les Intervalles Mélodiques

Lorsque les notes sont jouées séparément, elles forment une MÉLODIE.

Nous nommons les intervalles entre les notes d'une mélodie, des INTERVALLES MÉLODIQUES.

1. Ajoutez une BLANCHE après chaque note donnée formant ainsi un intervalle mélodique au-dessus.

2. Ajoutez une BLANCHE après chaque note donnée formant ainsi un intervalle mélodique au-dessous.

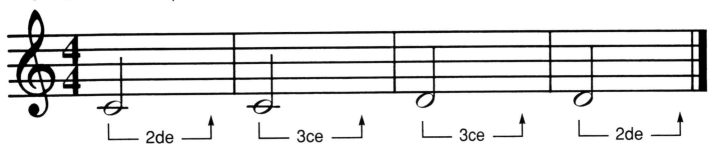

Les Intervalles Harmoniques

Lorsque les notes sont jouées en même temps, elles forment une HARMONIE. Nous nommons les intervalles entre ces notes, des INTERVALLES HARMONIQUES.

Les notes d'une **2de HARMONIQUE** s'écrivent UNE À CÔTÉ DE L'AUTRE en se touchant.

Les notes d'une **3ce HARMONIQUE** s'ecrivent UNE AU-DESSUS DE L'AUTRE.

3. Au-dessus de chaque note, ajoutez une RONDE formant un intervalle harmonique.

2de   3ce   3ce   2de

4. Au-dessous de chaque note, ajoutez une RONDE formant un intervalle harmonique.

2de   3ce   2de   3ce

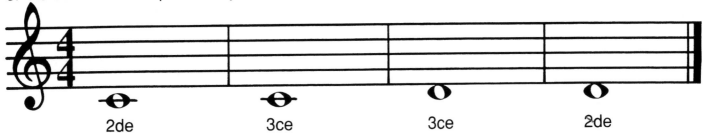

Assignez avec les pages 41-43.

Les Soupirs

 Ceci est un **SOUPIR**.

Il signifie SILENCE POUR LA VALEUR D'UNE NOIRE.

COMPTEZ "1" OU "NOIRE"
POUR CHAQUE SOUPIR!

1. Tracez le 2ème soupir, puis, tracez en 5 autres.

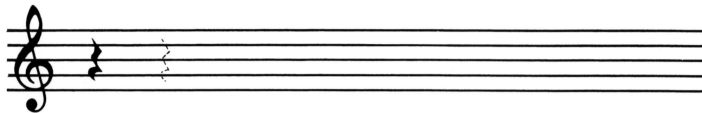

2. Sous chaque note ou silence dans la ligne ci-dessous, écrivez le nombre de temps.

3. Jouez et comptez.

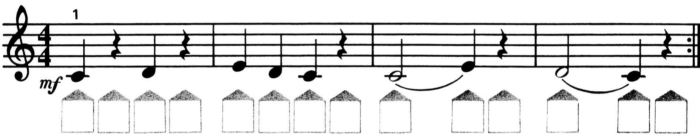

4. Ajoutez la valeur des notes ou des silences dans chaque problème et mettez
le total sous chaque ligne, tel qu'indiqué dans l'exemple.

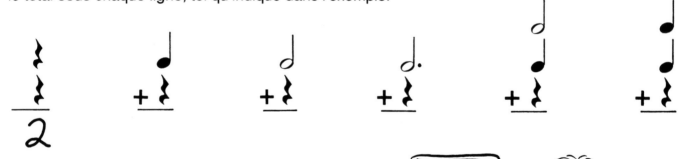

Bavardage de Poisson

Modérément lent

1. Mon pois - son do - ré me parl' ain - si, "_____"
2. Il est si - len - ci - eux, il me dit, "_____"

5. Jouez BAVARDAGE DE POISSON et COMPTEZ.

6. Jouez et dites ou chantez les paroles. Vous pouvez faire une bouche
de poisson si vous le désirez, à chaque silence.

Mesurons les 4tes

Lorsque vous sautez 2 touches blanches, l'intervalle est une **4te.**

Les 4tes s'écrivent LIGNE-INTERLIGNE ou INTERLIGNE-LIGNE.

DO	**FA**	**RÉ**	**SOL**		**DO**	**FA**	**RÉ**	**SOL**
Ligne	inter-ligne	inter-ligne	ligne		Inter-ligne	ligne	ligne	inter-ligne

1. Tracez des flèches entre les notes en disant les mots au-dessus des notes.
2. Ecrivez le nom de chaque note, puis, jouez en disant "4te en haut," etc.

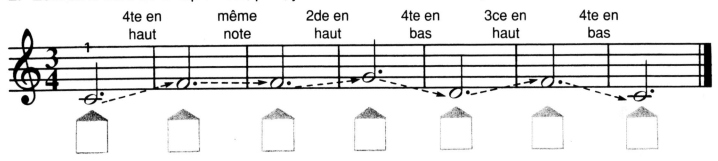

3. Les intervalles de la ligne suivante sont des intervalles _____ (melodiques ou harmoniques).

4. Ecrivez le nom de l'intervalle dans le carré sous chaque paire de notes.

5. Les intervalles de la ligne suivante sont des intervalles _____ (melodiques ou harmoniques).

6. Ecrivez le nom de l'intervalle dans les carrés ci-dessous.

7. Dans chaque mesure ci-dessous, ajoutez une note qui forme l'intervalle demandé.

Assignez avec la page 47.

Les Pauses

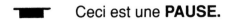 Ceci est une **PAUSE.**

Ceci signifie SILENCE POUR LA VALEUR D'UNE RONDE
ou d'UNE MESURE COMPLÈTE.

1. Remplissez la 2ème PAUSE, puis tracez en 5 autres.
   La PAUSE s'écrit en dessous de la 4ème ligne de la portée.

2. Dans LA MARCHE SILENCIEUSE et LA VALSE SILENCIEUSE, écrivez une PAUSE
   dans les mesures qui n'en ont pas.

La Marche Silencieuse

Modérément vite

La Valse Silencieuse

Modérément vite

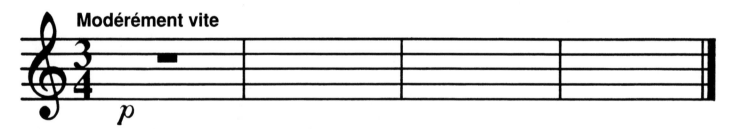

3. Jouez LA MARCHE SILENCIEUSE avec la M.G. et comptez.

4. Jouez LA VALSE SILENCIEUSE avec la M.D. et comptez.

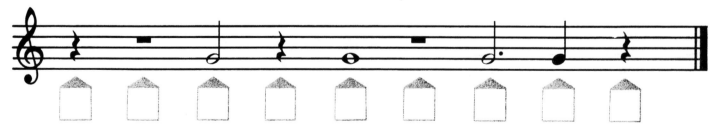

5. Au-dessous de chaque note ou de chaque silence, écrivez le nombre de temps

   de chacun dans une mesure à $\frac{4}{4}$

Comment Mesurer les 5tes

Lorsque vous sautez 3 touches blanches, l'intervalle est une **5te**.

Les 5tes s'écrivent LIGNE-LIGNE ou INTERLIGNE-INTERLIGNE.

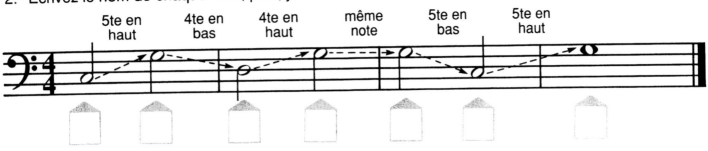

DO	**SOL**	**SOL**	**DO**
Ligne	ligne	ligne	ligne

DO	**SOL**	**SOL**	**DO**
Inter-ligne	inter-ligne	inter-ligne	inter-ligne

1. Tracez des flèches entre les notes en disant les mots au-dessus des notes.

2. Ecrivez le nom de chaque note, puis, jouez en disant "5te en haut," etc.

3. Les intervalles de la ligne suivante sont des intervalles _____ (melodiques ou harmoniques).

4. Ecrivez le nom de l'intervalle dans le carré sous chaque paire de notes.

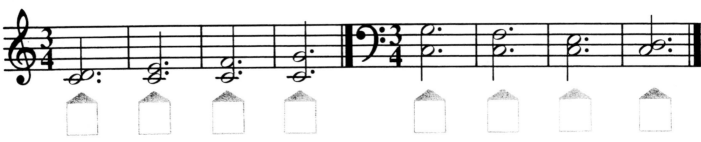

5. Les intervalles de la ligne suivante sont des intervalles _____ (melodiques ou harmoniques).

6. Ecrivez le nom de l'intervalle dans les carrés ci-dessous.

7. Dans chaque mesure ci-dessous, ajoutez une note qui forme l'intervalle demandé.

Assignez avec la page 50.

Position de Sol

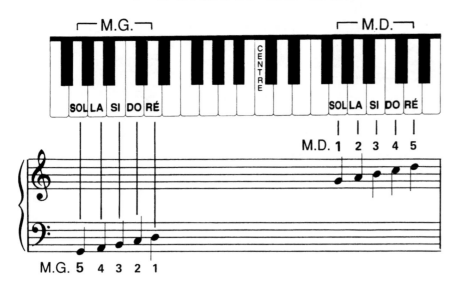

SOUVENEZ-VOUS QUE!!

Les notes AU-DESSOUS de la LIGNE du MILIEU ont des queues EN HAUT!

Les notes SUR ou AU-DESSUS de la LIGNE du MILIEU ont des queues EN BAS!

1. Ecrivez les notes de la M.G. dans la portée de FA. Ecrivez des NOIRES.
   Mettez les queues de SOL, LA, SI, DO, **EN HAUT.** La queue de RÉ **EN BAS.**

2. Ecrivez les notes de la M.D. dans la Portée de SOL. Ecrivez des NOIRES.
   Mettez les queues de SOL & LA **EN HAUT.** Les queues de SI, DO & RÉ **EN BAS.**

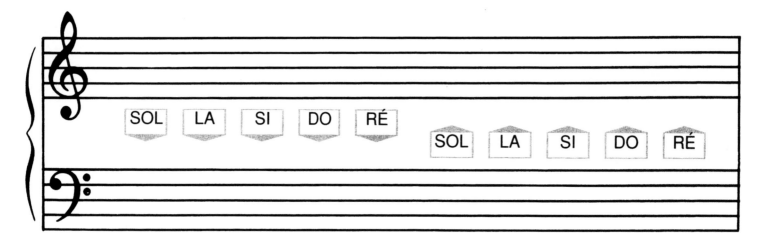

3. Ecrivez le nom des notes dans les carrés ci-dessous.

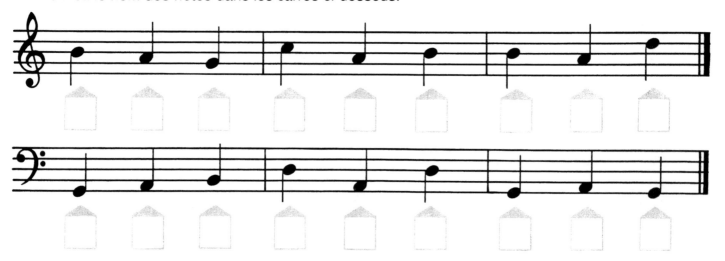

Les Intervalles Mélodiques dans la Position de Sol

1. Ecrivez le nom des notes dans les carrés au-dessus des portées.

2. Ecrivez le nom des intervalles dans les carrés au-dessous des portées.

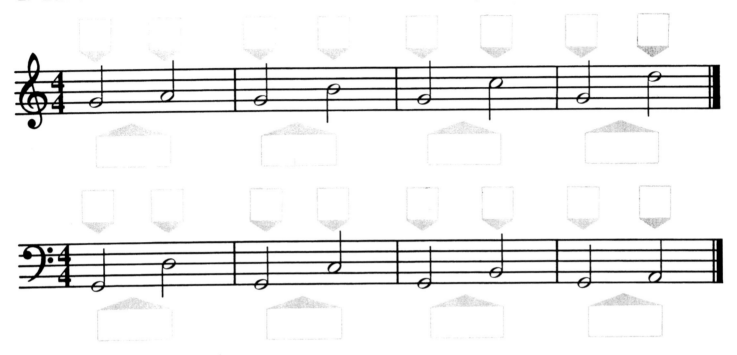

Les Intervalles Harmoniques dans la Position de Sol

3. Ecrivez le nom des notes dans les carrés au-dessus des portées. Ecrivez le nom de la note la plus basse dans le carré du bas et le nom de la note plus haute dans le carré du haut.

4. Ecrivez le nom des intervalles dans les carrés au-dessous des portées.

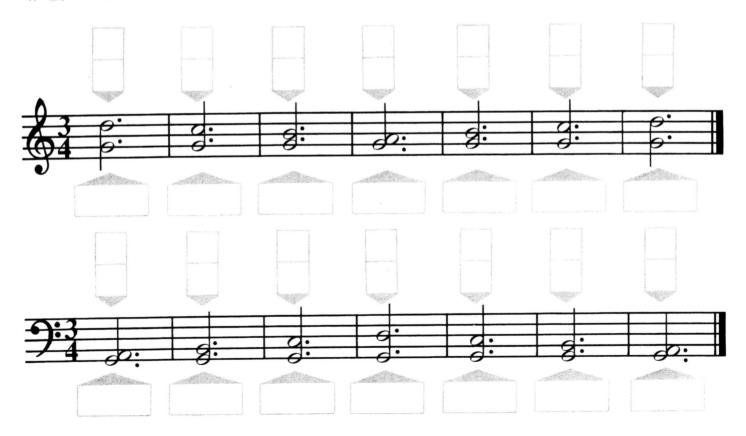

Assignez avec les pages 52-53.

Mesure Incomplète

Lorsqu'un morceau commence avec une MESURE INCOMPLÈTE,
les temps omis se trouvent dans la DERNIÈRE MESURE.

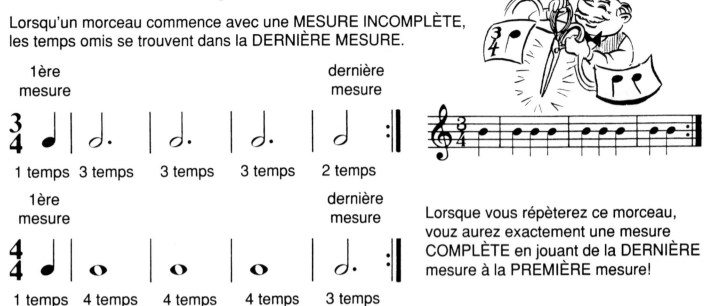

Lorsque vous répèterez ce morceau,
vouz aurez exactement une mesure
COMPLÈTE en jouant de la DERNIÈRE
mesure à la PREMIÈRE mesure!

1. Dans chacune des CHANSON DU PONEY, la dernière note est omise. Le nom de cette note est dans la boîte au-dessus de la mesure. Ajoutez cette note et indiquez sa valeur.

2. Ecrivez le nom des notes dans les boîtes, et jouez les deux CHANSONS, en comptant à haute voix.

La Chanson du Poney No. 1

Modérément vite

La Chanson du Poney No. 2

Modérément vite

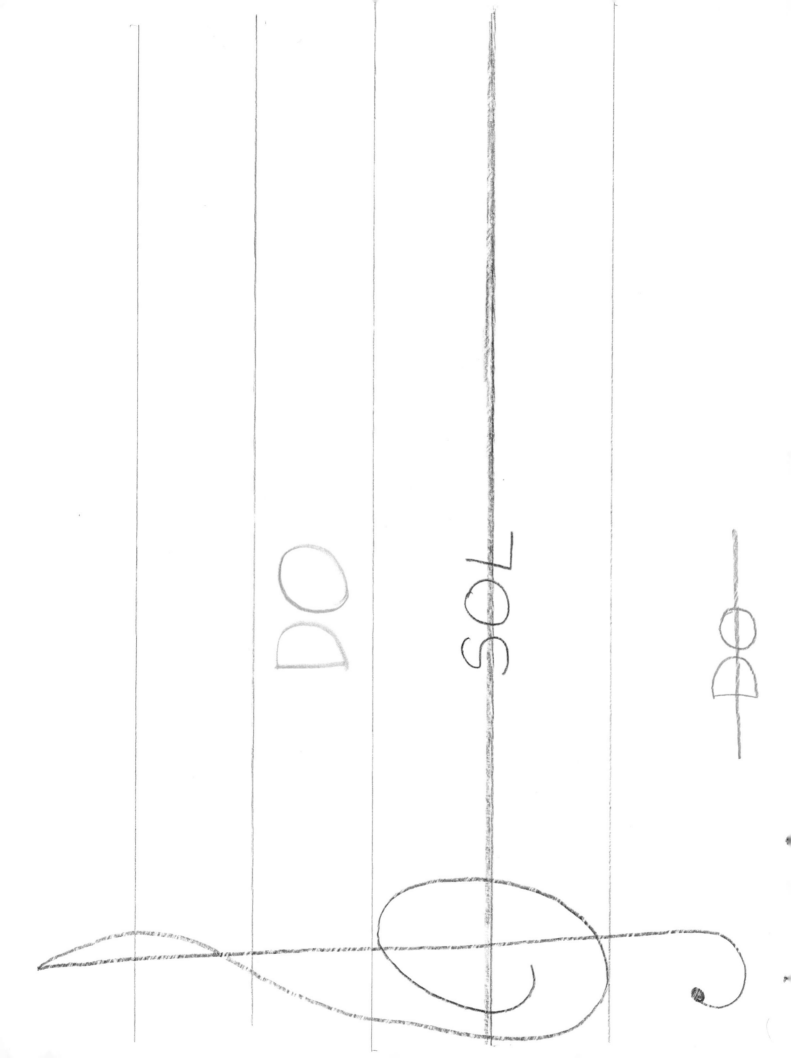

Révision des Silences

LE SOUPIR: signifie silence pour la valeur d'une noire.

LA DEMI-PAUSE: signifie silence pour la valeur d'une blanche.

LA PAUSE: signifie silence pour la valeur d'une ronde.

1. Tracez le 2ème SOUPIR, puis, tracez en 5 autres.

2. Remplissez la 2ème DEMI-PAUSE, puis, tracez en 5 autres.
   La DEMI-PAUSE s'écrit sur la 3ème ligne de la portée.

3. Remplissez la 2ème PAUSE, puis, tracez en 5 autres.
   La pause s'écrit au-dessous de la 4ème ligne.

4. Nommez ces silences. Ecrivez S pour SOUPIR, D pour DEMI-PAUSE et P pour PAUSE.

5. Dans les carrés ci-dessous, écrivez le nombre de temps de chaque silence dans une mesure à $\frac{4}{4}$

Assignez avec la page 55.

Dièses

Lorsqu'un **DIÈSE** (♯) est placé devant une note, cela signifie de jouer la touche
la plus près à droite, qu'elle soit noire ou blanche.

1. Tracez des DIÈSES.

En premier, tracez
les lignes verticales.

Puis, ajoutez les
lignes à travers.

Tracez 4 dièses dans ces boîtes.

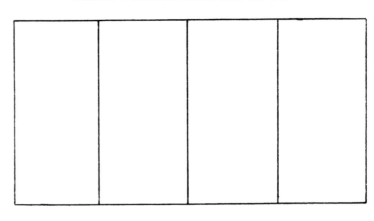

2. Ecrivez le nom de la note dièsée dans chaque carré.

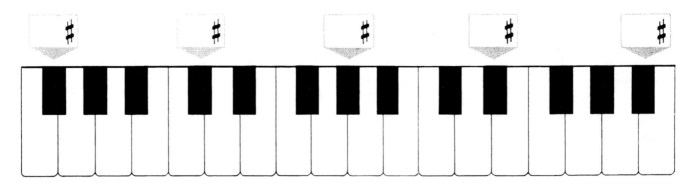

3. Changez chacune de ces notes en note dièsée. Jouez chaque note avec le 3 de la M.D. ou de la M.G.

Lorsque vous écrivez des
dièses, assurez-vous que
le CENTRE du dièse soit
sur la ligne ou dans l'interligne:

Placez le dièse
DEVANT la note:

Assignez avec la page 56.

Bémols

Lorsqu'un **BÉMOL** (♭) est placé devant une note, cela signifie de jouer la touche la plus près à gauche, qu'elle soit noire ou blanche.

1. Tracez des **BÉMOL**

En premier, tracez une ligne verticale.

Puis, ajoutez une ligne courbe.

Tracez 4 bèmols dans ces boîtes.

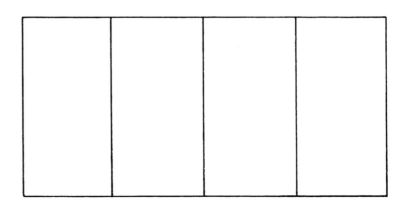

2. Ecrivez le nom de la note bémolisée dans chaque carré.

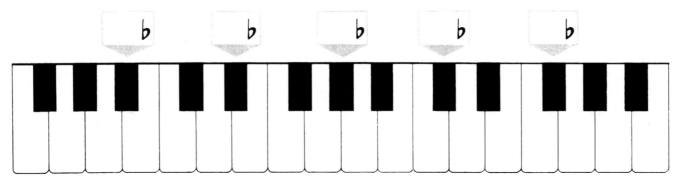

3. Changez chacune de ces notes en note bémolisée. Jouez chaque note avec le 3 de la M.D. ou de la M.G.

Assurez-vous que le CENTRE du bémol soit bien sur la ligne ou dans l'interligne:

Placez le bémol DEVANT la note:

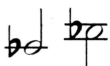

Assignez avec la page 57.

Un Morceau A-B-A avec un D.C.

D.C. est l'abréviation des mots italiens *Da Capo.*
Capo signifie "tête" ou "au-dessus." (Vous portez un CHAPEAU sur votre tête!)
Da Capo signifie de retourner au commencement (tête ou dessus).

Fine (prononcé FI-NÉ) signifie la "fin."

D.C. al Fine signifie de retourner au commencement et de jouer jusqu'au mot *Fine* (FIN).

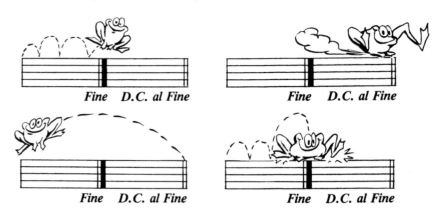

1. Cette chanson comprend 2 sections, SECTION A, jouée avec la M.D. dans la POSITION de DO, et SECTION B, jouée avec la M.G. dans la POSITION de SOL.

Section A

Modérément vite

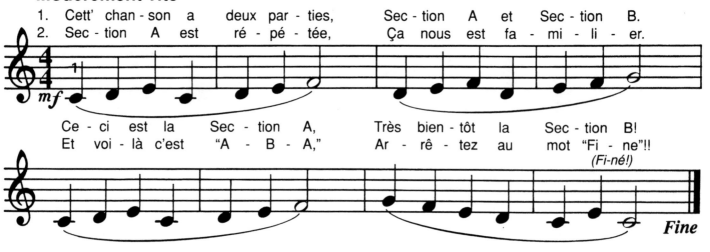

1. Cett' chan-son a deux par-ties, Sec-tion A et Sec-tion B.
2. Sec-tion A est ré-pé-tée, Ça nous est fa-mi-li-er.

Ce-ci est la Sec-tion A, Très bien-tôt la Sec-tion B!
Et voi-là c'est "A-B-A," Ar-rê-tez au mot "Fi-ne"!! *(Fi-né!)*

Fine

Section B

La Sec-tion B du nou-veau est ar-ri-vé!

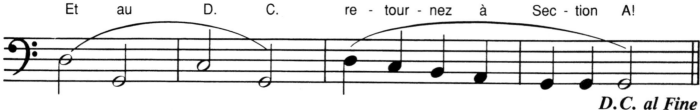

Et au D.C. re-tour-nez à Sec-tion A!

D.C. al Fine

2. Dans quel ordre avez-vous joué les sections? (1) SECTION_____, (2) SECTION_____, (3) SECTION _____.

3. Combien de phrases y-a-t-il dans ce morceau en incluant les phrases répétées? Réponse:_____.

Assignez avec la page 58.

Staccato est L'Opposé de Legato!

Les notes **STACCATO** sont SÉPARÉES ou DÉTACHÉES. Le STACCATO est indiqué par un **POINT** au-dessus ou au-dessous de la note.

Dans un **LEGATO**, les note sont LIÉES entre elles. Le LEGATO est indiqué par un **COULÉ** placé au-dessus ou au-dessous des notes.

1. Sous chaque note staccato, écrivez un **S**.

2. Sous chaque note legato, écrivez un **L**.

1. Sau -tez, sau - tez   jou - ez bien li - é   en haut en   bas.
2. Sau -tez, sau - tez   jou - ez le - ga - to   ap - pli - quez   vous!

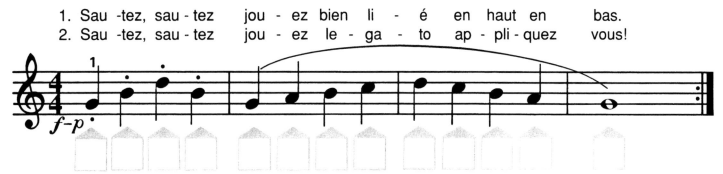

3. Jouez la chanson ci-dessus. Attention, observez bien les signes staccato et legato.

Quelque fois, les notes LEGATO sont liées à une note STACCATO.
Dans ce cas, la dernière note seule est staccato. Les autres sont legato.

Chant Indiens

4. Ecrivez **L** sous chaque note legato.

5. Ecrivez **S** sous chaque note staccato.

1. Les   in - diens saut'   et   ils chan -tent,   Ai - yah, yah, yah,   Ai - yah, yah, yah!
2. Ils   s'a - mu - sent   dans leurs chan-sons,   Ai - yah, yah, yah,   Ai - yah, yah, yah!

Nouveaux Signes de Nuance

CRESCENDO (graduellement plus fort)

DIMINUENDO (graduellement plus doux)

1. Dans le chant ci-dessous, ajoutez un signe entre le 1er p & le f qui signifie *graduellement plus fort.*

2. Ajoutez un signe entre le 2è p et le f qui signifie *graduellement plus doux.*

3. Combien y-a-t-il de PHRASES dans cette ligne? _____.

4. Les phrases sont elles LEGATO ou STACCATO? _____.

5. Quel est le nom de la touche noire dans cette ligne? _____.

6. Dans quelle position se joue cette ligne? _____ POSITION.

7. Jouez cette ligne. Répétez la. Observez bien le phrasé et les nuances!

Modérément lent

8. Entre la musique et les mots ci-dessous, ajoutez les signes de nuances qui conviennent!

9. Quel est le nom de la touche noire? _____

10. Dans quelle position se joue cette ligne? _____

11. Jouez. Observez bien.

Modérément lent

1. Gra - du - el - le - ment   doux, Gra - du - el - le - ment   fort!
2. C'est di - mi - nu - en - do,   Cres - cen - do   fi - ni   fort!

Révision

Cette page est la révision du livre complet.
Tracez des lignes unissant les points des boîtes correspondantes.

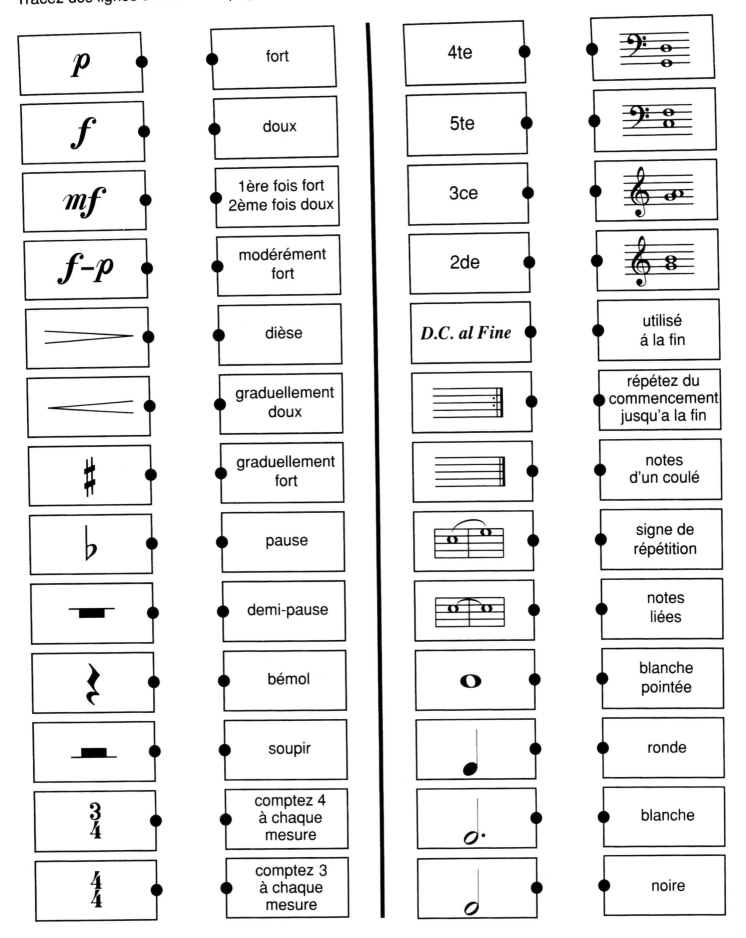